BEI GRIN MACHT SICH IHR WISSEN BEZAHLT

- Wir veröffentlichen Ihre Hausarbeit, Bachelor- und Masterarbeit

- Ihr eigenes eBook und Buch - weltweit in allen wichtigen Shops

- Verdienen Sie an jedem Verkauf

Jetzt bei www.GRIN.com hochladen und kostenlos publizieren

Permanenz menschliches Leben bei Hans Jonas und Nicolai Hartmanns Prinzip der Fernstenliebe

Gabriele Bensberg

Bibliografische Information der Deutschen Nationalbibliothek:

Die Deutsche Nationalbibliothek verzeichnet diese Publikation in der Deutschen Nationalbibliografie; detaillierte bibliografische Daten sind im Internet über http://dnb.d-nb.de abrufbar.

ISBN: 9783346563279
Dieses Buch ist auch als E-Book erhältlich.

Druck und Bindung: Books on Demand GmbH, Norderstedt Germany
Gedruckt auf säurefreiem Papier aus verantwortungsvollen Quellen

Das vorliegende Werk wurde sorgfältig erarbeitet. Dennoch übernehmen Autoren und Verlag für die Richtigkeit von Angaben, Hinweisen, Links und Ratschlägen sowie eventuelle Druckfehler keine Haftung.

Das Buch bei GRIN: https://www.grin.com/document/1158205

Ruprecht-Karls-Universität Heidelberg

Philosophisches Seminar

Proseminar: Hans Jonas: Das Prinzip Verantwortung

Versuch einer Ethik für die technologische Zivilisation

Sommersemester 2021

Wissenschaftliche Hausarbeit

Das Gebot der Permanenz menschlichen Lebens bei Hans

Jonas und Nicolai Hartmanns Prinzip der Fernstenliebe

Übereinstimmungen und Unterschiede

vorgelegt von

Dr. phil. Gabriele Bensberg

Abgabedatum:30. September 2021

Inhaltsverzeichnis

1 Einleitung

Allen bisherigen Tugendsystemen war noch bis in die jüngste Gegenwart gemeinsam, dass sich ihre Postulate überwiegend auf die Gegenwart bezogen, bzw. auf den Nächsten in der konkreten Wortbedeutung, und weniger auf die Zukunft oder auf zukünftige Generationen.[1]

Durch den fulminanten Siegeszug der Technologie hat sich diese Situation jedoch fundamental verändert. Erstmals ist es dem Menschen möglich, sich selbst auszulöschen bzw. den Planeten Erde so weit zu zerstören, dass menschliches und tierisches Leben kaum mehr möglich sein wird.

Aufgrund dieser Situation fordern auch Philosophen zunehmend eine Erweiterung bisheriger Tugendspiegel bzw. eine neue Ethik. Zu den großen Denkern, die sich einer zukunftsorientierten Perspektive verpflichtet fühlen, gehören Nicolai Hartmann und in ganz besonderer Weise Hans Jonas – ersterer in Bezug auf das Konstrukt der Fernstenliebe und letztere hinsichtlich des Prinzips der Verantwortung.

2 Das Altruismus-Spektrum bei Nicolai Hartmann

Die Fernstenliebe gehört bei Nicolai Hartmann[2] innerhalb seines Klassifikationssystems der ethischen Leitlinien zur dritten, nur lose verbundenen Viereruppe, die er unter dem Oberbegriff „Spezielle sittliche Werte" zusammenfasst, die man aber auch, so der Autor, jeweils als eigenständige Wertegruppierung auffassen kann. Dabei definiert Hartmann die Fernstenliebe in Abgrenzung von der Persönlichen Liebe einerseits und der Nächstenliebe andererseits.

Persönliche Liebe begreift er als tiefe Neigung zu einer bestimmten Person um deren ureigenen Wesens willen. Diese Form der Liebe ziele auf die Idee der Persönlichkeit ab, sei daher seherisch, indem der tiefste, den Nichtliebenden vielfach verborgene Wert im Anderen intuitiv erfasst werde: *„Sie erschaut das Vollkommene in der Unvollkommenheit, das Unendliche in der Endlichkeit."*[3]

Die Nächstenliebe leitet Nicolai Hartmann aus der tiefgreifenden Modifizierung des antiken Wertesystems in Folge der Christianisierung ab und definiert sie als eine Liebe,

---

[1] Allerdings gilt diese Beobachtung nicht unumschränkt, denn schon Friedrich Nietzsche forderte als Konsequenz seiner Hypothese vom Tod Gottes die zukunftsbezogene Umwertung aller Werte und die Geburt des Übermenschen.

[2] Hartmann, Ethik, 1962.

[3] Ebd., S. 534.

die gerichtet ist *„auf den Nächsten, den Anderen, und zwar die positive, bejahende Rich-*
tung, die Gewichtsverlegung vom Ich auf das Du.“[4]

Da die Nächstenliebe sich meist auf Bedürftige bzw. Menschen in Not richtet, habe das
zu der irrtümlichen Auffassung geführt, sie sei nur eine Begleiterscheinung des Erbar-
mens. Grundlage der Nächstenliebe ist, so Hartmann, jedoch nicht Mitleid, sondern das
Berührtsein durch den unbedingten Wert des Anderen, der es erforderlich mache, Menschen aus entwürdigenden, misslichen Lebenslagen zu befreien.

3 Fernstenliebe

Hartmann übernimmt den Begriff der Fernstenliebe von Friedrich Nietzsche, der in
„Also sprach Zarathustra“ lehrt, den Nächsten zu fliehen und den Fernsten zu lieben:[5]

> *„Rate ich euch zur Nächstenliebe? Lieber noch rate ich euch zur Nächsten-Flucht und*
> *zur Fernsten-Liebe! Höher als die Liebe zum Nächsten steht die Liebe zum Fernsten*
> *und Künftigen; höher noch als die Liebe zu Menschen gilt mir die Liebe zu Sachen und*
> *Gespenstern.“*

Nicolai Hartmann betont, dass es der menschlichen Natur eigentümlich sei, sich dem
zeitlich und räumlich nahen Mitmenschen zuzuwenden, da Menschen die Früchte ihres
Tuns ernten möchten, das heißt erleben, dass die geleistete Hilfe dankbar entgegenge-
nommen wird und von Erfolg gekrönt ist.

Die Fernstenliebe ist *„auf ein noch im Nichtsein schlummerndes Dereinst gerichtet“*[6]
und verlangt, uns künftigen Generationen zuzuwenden, die wir nie kennenlernen werden, für die wir aber die Rolle des Wegbereiters übernehmen sollen.

Anders als die Nächstenliebe, die vielfach auf Hilfsbedürftige ohne Ansehen der Person
konzentriert ist, soll die Fernstenliebe eine Auswahl treffen und sich auf eine Elite besonders Befähigter bzw. ethisch Vorbildhafter richten.

Die Fernstenliebe zielt außerdem nicht wie die Nächstenliebe, die aus der Empathie mit
fremdem Leid erwächst, auf Individuen ab, sondern auf den Typus Mensch, der mit
Blick auf die Zukunft veredelt werden soll. Der Einzelne ist nicht als Person gemeint,
sondern fungiert als Glied einer Kette.

---

[4] Ebd., S. 450.
[5] Nietzsche, 2021, S. 58.
[6] Hartmann, 1962, S. 488.

Der Typus, den es zu fördern gilt, ist der noch nicht existierende, hypostasierte ideale Mensch. Otto Friedrich Bollnow kommentiert:[7]

> *„In diesem Sinn ist ihm die Fernstenliebe durch den Gegensatz zu Nächstenliebe gekennzeichnet, während diese sich wahllos jedem Bedürftigen zuwendet, bedeutet jene ein auswählendes Prinzip, durch das die Hinwendung in den Dienst letzter, unbedingter Menschheitsziele gestellt wird. Es ist der Wille zum sittlichen Fortschritt, der die Gegenwart am Maßstab einer idealen Zukunft mißt."*

4 Postulate des Prinzips Verantwortung bei Hans Jonas

Seit der ersten Auflage des Buches „Das Prinzip Verantwortung" ist ein halbes Jahrhundert vergangen. Damals mögen einige seiner zukunftsgerichteten Prognosen noch übertrieben, schwarzseherisch bis utopisch erschienen sein. Betrachtet man heute jedoch den Zustand der Welt, muss man feststellen, dass die Analysen von Jonas zutreffend waren und sich die kognizierten Bedrohungen und gefährlichen technologischen Entwicklungen immer mehr potenziert haben.[8]

4.1 Die Notwendigkeit einer neuen Ethik

Hans Jonas geht davon aus, dass sich die Conditio humana in Folge des technologischen Fortschritts grundsätzlich gewandelt hat und wir heute in einer apokalyptischen Zeit leben. Der Mensch ist dabei, so Jonas, zu einem Objekt der Technik zu werden, denn die Geister, die er rief, sind kaum noch beherrschbar.

So bedroht die Genforschung mittlerweile die Ebenbildlichkeit des Menschen, indem sie es ermöglicht, massive Veränderungen am Erbgut vorzunehmen und durch Eingriffe in Gehirnfunktionen die Persönlichkeit nachhaltig zu verändern. Der medizinische Fortschritt vermag in absehbarer Zeit vielleicht sogar, den Tod zu besiegen und Möglichkeiten bereitzustellen, um Menschen entsprechend bestimmter, erwünschter Eigenschaften zu klonen.[9]

---

[7] Bollnow, 1952, S. 91.
[8] Böhler & Gronke, 2003, bemerken in diesem Zusammenhang: *„Wir leben weder in einer bloßen ökologischen „Krise" noch einfach in einer „Risiko"-Gesellschaft, sondern in einer hochtechnologischen Zivilisation, deren Innovationen mehr zerstören könnten, als sich prognostizieren läßt. In dieser Hinsicht ist sie eine Gefahrenzivilisation und Zukunftsgefährdungsgesellschaft, scheint es doch ihr Gesetz zu sein, daß sie permanent kumulative Langzeitwirkungen hervorbringt, welche die Fortdauer „echten menschlichen Lebens auf Erden" in Frage stellen, weil sie mit den ökologischen und soziokulturellen Lebensgrundlagen auch Freiheits- und Verantwortungsbedingungen künftiger Generationen fortwährend zu verschlechtern oder gar zu vernichten drohen"* (S. 301).
[9] Mit den Möglichkeiten und Gefahren des Klonens hat sich Hans Jonas (1987) sehr intensiv auseinandergesetzt, vor allem in dem Essay „Laßt uns einen Menschen klonieren. Von der Eugenik zur Gentechnologie".

In früheren Zeiten waren die Eingriffe in die Natur durch den Menschen verhältnismäßig harmlos und Mensch und Natur voneinander unabhängig. In der Gegenwart aber besteht erstmals die Möglichkeit, die Erde für unabsehbare Zeit unbewohnbar zu machen, und erstmals ist der Fortbestand der Menschheit nicht mehr fraglos gegeben.

4.2 Basale Axiome

Das zentrale Axiom besteht für Hans Jonas darin, dass der Mensch sein soll. Jonas bejaht zwar, dass es in begründeten Einzelfällen ein Recht des Individuums auf Suizid geben mag, lehnt ein Recht der Menschheit zum kollektiven Selbstmord aber entschieden ab; vielmehr bestehe eine *„unbedingte Pflicht der Menschheit zum Dasein.“*[10] Jonas vertritt die Auffassung, dass das Erbe der Evolution auf jeden Fall zu wahren ist. Das Sein hat für ihn absoluten Vorrang vor dem Nichts, da das Sein in sich die Selbstbejahung trage, indem es ohne Unterlass danach strebe, sich selbst zu erhalten.

Axiome lassen sich bekanntlich nicht beweisen, aber Hans Jonas versucht, sie anhand komplexer und nicht immer leicht verständlicher Denkschritte zu begründen.

Ein zentraler Argumentationsstrang besteht darin, dass sich in der Natur Zwecke und Ziele nachweisen lassen und diese daher über Werte verfüge, denn wenn ein Zweck bestehe und ein Ziel erreicht werde, sei das Ergebnis, so Jonas, ein Gut, aus dem sich ein Sollen ableiten lasse.

Insgesamt demonstrierten Zwecke, Ziele und Werte eine Selbstorganisation des Seins, die es dem Nicht-Sein überlegen mache. Werte und ihnen übergeordnet das Gute drängen dem Autor zufolge auf Weiterexistenz und begründen das Sein-Sollen. Mit dem Zusprechen von Wert ist der Vorrang des Seins, so Hans Jonas, vor dem Nicht-Sein eindeutig.

4.3 Eckpunkte einer zukunftsbezogenen Verantwortungsübernahme

Verantwortung bedeutet in der Sicht von Hans Jonas ein nicht-reziprokes Beziehungsgefüge, eine Art Hierarchie, in welcher der Verantwortliche überlegen und derjenige, für welchen Verantwortung übernommen wird, unterlegen ist. Als Beispiele führt er die Verantwortungsübernahme von Eltern für ihre Kinder und von Staatenlenkern für die

---

[10] Jonas, 2020, S. 80.

jeweilige Großgruppe an.[11] Verantwortung richtet sich Jonas zufolge primär auf Menschen und ist durch die Prinzipien Totalität, Kontinuität und Zukunft charakterisiert.

Totalität meint, dass Verantwortung alle, den Anderen betreffende Aspekte umfasst, also die Sorge für das leibliche ebenso wie die Sorge für das geistig-seelische Wohl. Das Kriterium Kontinuität bedeutet, dass der Verantwortliche die Verantwortungsübernahme nicht einfach unterbrechen darf, und der Zukunftsaspekt ist darauf bezogen, dass Verantwortung stets über die Gegenwart hinausgedacht werden muss und Jonas zufolge immer über eine zeitliche Dimension verfügt, die weit über das Heute hinausgeht.

4.4 Die Umkehrung des kantschen Diktums: Du kannst, denn du sollst!

Heute müsse man, so Jonas, davon absehen, mögliche, in der Zukunft liegende positive Konsequenzen des Fortschritts als handlungsleitend zu definieren. Da alle Fernprognosen mit erheblichen Unsicherheiten behaftet sind, bedeute Verantwortungsübernahme in der Gegenwart, die potenziellen unheilvollen Auswirkungen auf künftige Generationen höher zu gewichten: *„Der Unheilsprophezeiung ist mehr Gehör zu geben als der Heilsprophezeiung.“*[12] Die übergeordnete Leitlinie besteht nach Hans Jonas darin, apokalyptische Eventualitäten auf jeden Fall zu vermeiden; die Maxime müsse „Bewahrung" und nicht „Fortschritt" lauten.

In der Konsequenz sei das Diktum von Immanuel Kant auf den Kopf zu stellen. Statt „Du kannst, denn du sollst" müsse es jetzt heißen: „Du sollst, denn du kannst." Anstelle der Anerkennung von Idealen und Pflichten, nach denen der Mensch sein Tun ausrichten soll, ist der Aspekt des „Sollens" nunmehr mit der Bewahrung des Planeten Erde und der Möglichkeit einer Weiterexistenz der Menschheit gleichbedeutend. Das „kann" wiederum bezieht sich auf das mittlerweile verfügbare Wissen und die zur Verfügung stehenden Technologien, die zur Erfüllung dieser Aufgaben eingesetzt werden können:[13]

„Primär ist nicht mehr, was der Mensch sein und tun soll (das Gebot des Ideals) und dann entweder kann oder nicht kann, sondern das Primäre ist, was er de facto schon tut, weil er es kann, und die Pflicht folgt aus dem Tun: sie wird ihm vom kausalen Fatum seiner Taten zugesagt.“

---

[11] Jonas unterscheidet in diesem Zusammenhang zwischen der natürlichen Verantwortung, die zwischen Eltern und Kind besteht, und der vertraglichen Verantwortung, die man wie etwa Politiker freiwillig übernimmt; vgl. Kap. 3.4-8.
[12] Jonas, 2020, S. 70.
[13] Ebd., S. 230.

5 Parallelen zwischen den Ansätzen von Hartmann und Jonas

Zwischen den philosophischen Theorien von Nicolai Hartmann und Hans Jonas lassen sich sowohl einige Übereinstimmungen als auch Diskrepanzen feststellen.

5.1 Der „Nahe" als Ziel altruistischer Strebungen

Nicolai Hartmann stimmt mit Hans Jonas darin überein, dass es zum Wesen des Menschen gehöre, Engagement, Sorge und Liebe auf jene Menschen zu richten, die persönlich erreichbar sind und von denen man daher ein Echo erhalte, das auf der Basis von Dankbarkeit und Verbundenheit das eigene Engagement stärken könne.[14]

Während der Millionen Jahre umfassenden Geschichte der Menschheit bestand niemals die Notwendigkeit, um ihre Weiterexistenz besorgt zu sein.[15] Hans Jonas konstatiert in Bezug auf die Moralität früherer Zeiten:[16]

> „Es sind die jetzt Lebenden und in irgendwelchem Verkehr mit mir Stehenden, die einen Anspruch auf mein Verhalten haben, insofern es sie durch Tun oder Unterlassen affiziert. Das sittliche Universum besteht aus Zeitgenossen und sein Zukunftshorizont ist beschränkt auf deren voraussichtliche Lebensspanne."

Jonas geht dabei weit über Hartmann hinaus, indem er schlussfolgert, alle bisherigen Ethiksysteme seien diesem gegenwartsbezogenen Prinzip unterworfen gewesen, das jetzt nicht mehr genüge und ergänzt und verändert werden müsse.

5.2 Konzentration auf den typisierten bzw. idealen Menschen

Weder die Ethik der Fernstenliebe noch die Ethik des Prinzips der Verantwortung zielt ab auf real existierende Individuen. Thematisiert werden vielmehr die Idee bzw. ein Ideal des Menschen. So soll die Fernstenliebe bei Hartmann explizit selektiv sein und eine rational begründete Auslese treffen:[17]

> „Nicht dem Nächsten, sondern dem Besten soll die Kraft zugute kommen, der sie furchtbar weiterträgt. Hier setzt im strebenden Verhalten selbst eine Selektion der Personen unter Wertgesichtspunkten ein, die ihrerseits gar nicht die gegebene Person betreffen, sondern den ganzen Typus des Menschen."

---

[14] „Nächstenliebe stellt nur das eigene Ich dem des Anderen gleich, geht nur auf die „Nächsten", die jedesmal gegebene fremde Person, auf den engen Kreis der Erreichbaren" (Hartmann, 1962, S. 451).
[15] Es entspricht daher aktuellen evolutionspsychologischen Theorien, dass sich keine zukunftsbezogene Ethik herausgebildet hat.
[16] Jonas, 2020, S. 23.
[17] Hartmann, 1962, S. 491.

Hans Jonas hingegen legt den Schwerpunkt auf die Verpflichtung, die Idee des Menschen, die ihre Inkorporierung in der Welt fordere, zu bewahren. Diese Idee zu hüten, sei die erste Pflicht der Lebenden. Der Autor postuliert außerdem, dass wir die Ehrfurcht vor dem Typus Mensch wieder lernen müssten, und zwar als Respekt vor seinen Möglichkeiten, seiner Zweideutigkeit, seiner Befähigung zum Guten wie zum Bösen: „*Die Hütung des Erbes in seinem »ebenbildlichen Ansinnen«, also negativ auch Behütung vor Degradation, ist Sache jeden Augenblicks*;"[18]

5.3 Verantwortungszuschreibung an die Lebenden

Beide Philosophen verbindet die Überzeugung, dass die Lebenden Sorge für künftige Generationen tragen.

Nicolai Hartmann begründet die Pflichten der jetzt Lebenden gegenüber den Zukünftigen mit dem Hinweis, jeder Mensch stehe mit vergangenen wie kommenden Generationen in einer geschichtlichen Kontinuität und sei demnach mitverantwortlich für deren Zukunft.

Hans Jonas greift auf die von ihm formulierten Axiome zurück (vgl. 4.2), aus denen er seinen dringlichen Appell zur Verantwortungsübernahme ableitet. Jeder Lebende ist aufgerufen, so zu handeln, dass die Konsequenzen des eigenen Handels die Permanenz echten menschlichen Lebens auf der Erde nicht gefährden, sondern ermöglichen. Er verweist in diesem Zusammenhang auf das Neugeborene, das durch sein hilfloses Dasein zur Fürsorge auffordert, als beispielgebend und nachahmenswert.

6 Diskrepanzen zwischen den Ansätzen von Hartmann und Jonas

Hinsichtlich der Strategien, die erforderlich sind, um das Ideal der Fernstenliebe bzw. das Zukunftsprinzip Verantwortungsübernahme in einer Zeit überbordenden technologischen Fortschritts zu realisieren, unterscheiden sich die Ansätze der beiden Autoren.

6.1 Systematisierung versus Aufforderung zum Handeln

Im Zentrum des Werkes „Ethik" von Nicolai Hartmann stehen die Systematisierung, Herleitung und Elaboration von Werten. Für die Thesen von Hans Jonas ist jedoch die apokalyptische Situation, in der die Menschen des 21. und 22. Jahrhunderts leben, die Bedrohung der Permanenz der Menschheit, virulent. Daher durchzieht sein Werk ein

---

[18] Jonas, 2020, S. 393.

erkennbar handlungstheoretischer Impetus. Die drängenden Fragen und Gefahren in Zusammenhang mit der Technologisierung sind es, die ihn bewegen, das Aufzeigen von Konsequenzen und Lösungsmöglichkeiten ist das zentrale Movens.

Mit dieser Diskrepanz hängt zusammen, dass Nicolai Hartmanns Ausführungen zur Ethik primär von historischem Wert sind, [19] während das Werk von Hans Jonas nicht nur nichts an Aktualität eingebüßt hat, sondern im Gegenteil in der Gegenwart hochaktuell ist und wahrscheinlich weiter an Aktualität gewinnen wird.

6.2 Verantwortungsübernahme durch Künstler einerseits, Politiker andererseits

Nicolai Hartmann sieht in den Künstlern die wichtigsten Verbündeten für eine von Idealen getragene Steigerung des Menschengeschlechts: *„Meist ist es der schaffende Künstler, der Dichter, der dem prospektiven Ethos ahnungsvoll die Sprache verleiht."* [20] Zur Fernstenliebe sind für Hartmann daher vor allem herausragende Kunstschaffende berufen – *„Und überall sind es die Größten unter den Schaffenden, die in faßbarer Anschaulichkeit geschaute Ideale vor den Menschen hinstellen."* [21] Diese können sich dabei durchaus unterschiedlicher Ausdrucksformen bedienen und differierende Ideale vertreten, da deren Zusammenwirken und Ineinander-Weben zur Idealität beitrage.

Hans Jonas hingegen spricht vor allem verantwortlichen Staatsmännern die Fähigkeit und damit einhergehend auch die Verpflichtung zu, Vorsorge für die Weiterexistenz der Art Mensch zu treffen, da befugte Vertreter von Legislative und Exekutive, nicht aber der einzelne Bürger über die hierzu notwendige Machtbasis verfügten. Jonas stellt dabei eine direkte Verbindung her zwischen dem Urbild einer uneigennützigen Verantwortungsübernahme durch Eltern für ihre Kinder und der Verantwortung des Politikers, die beide den Aspekten Totalität, Kontinuität und Zukunft verpflichtet seien: [22]

> *„Die eigene Zukünftigkeit des Verantworteten ist der eigentlichste Zukunftsaspekt der Verantwortung. Ihre höchste Erfüllung, die sie wagen können muß, ist ihre Abdankung vor dem Rechte des noch nicht Gewesenen, dessen Werden sie gehegt hat."*

6.3 Annahme eines Schöpfergottes versus fehlende transzendentale Verankerung

---

[19] Für Hans Michael Baumgartner, 1982, liegt der Grund für die mangelnde Beachtung, die dem Werk Nicolai Hartmanns mittlerweile noch gezollt wird, in dem Versuch, eine Systemphilosophie zu begründen: *„Aber die von ihm vorgeschlagenen Lösungen waren allesamt Lösungen von bloß hypothetischer Gewißheit, sie führten bestenfalls zur Klärung und Durchsichtigkeit der problematischen Sachverhalte, nie aber zu einer als endgültig zu behauptenden Lösung"* (S. 40).

[20] Hartmann, 1962, S. 499.

[21] Ebd., S. 499.

[22] Jonas, 2020, S. 198.

Nicolai Hartmann vertritt die Überzeugung, dass das Christentum eine Revolutionierung der Werte initiiert hat, die antike Tugenden in den Hintergrund treten ließ. Im Mittelpunkt des neuen Wertesystems stand und steht die Nächstenliebe.[23]

Eine innovative Ethik entwickelt sich, so Hartmann, in Zeiten der Krise und wird durch ethische Führer von revolutionärer Kraft begründet. Jesus fungiert für Hartmann als ethischer Revolutionär, aber nicht als Gottes Sohn. Das gesamte Ethiksystem entfaltet sich bei Nicolai Hartmann ohne Anbindung an transzendente Ursprünge bzw. Rückbezug auf ein göttliches Prinzip.

Hans Jonas hingegen hat die Idee von einem Schöpfergott entwickelt, der die Welt zwar geschaffen, sie mittlerweile aber sich selbst bzw. den Menschen überlassen hat.

Die Heiligkeit des Lebens leitet Jonas nicht direkt von dem Schöpfungsvorgang ab, sondern bezieht diese auf den dem Sein inhärenten Wert. Die Wahrnehmung von Wert in der Welt ist für ihn jedoch ein zentraler Kausalitätsaspekt, um einen Schöpfergott anzunehmen:[24]

> *„Ja, es lässt sich behaupten, daß die Wahrnehmung von Wert in der Welt einer der Beweggründe dafür ist, auf einen göttlichen Urheber zu schließen, und nicht umgekehrt die Vorwegsetzung des Urhebers der Grund, seiner Schöpfung Wert zuzuerkennen.“*

6.4 Lösungswege

Anders als Nicolai Hartmann unterbreitet Hans Jonas konkrete Vorschläge, wie es gelingen kann, einer nachhaltigen Verantwortungsübernahme gerecht zu werden.

So fordert er im Rahmen eines zweistufigen Vorgehens zu einem Gedankenexperiment auf, das uns anhand gezielter Fragen in einen Reflexionsprozess eintreten lässt. Zunächst sei zu bedenken, welche Folgen unser Handeln für die Zukunft bzw. für nachkommende Generationen haben kann und welche Konsequenzen für unsere Nachfahren wahrscheinlich besonders furchterregend sind:[25]

Das Prinzip Verantwortung ist darüber hinaus für Jonas nicht realisierbar ohne die Inklusion affektiver Konnotationen. So fordert er eine Aktualisierung der Emotion Furcht vor einer Welt, in der die Technologie die Macht übernommen hat, die Natur zerstört

---

[23] Vgl. Hartmann, 1962, S. 151.

[24] Zit. nach Wiese, 2003, S. 207.

[25] *„Was wir nicht wollen, wissen wir viel eher, als was wir wollen. Darum muß die Moralphilosophie unser Fürchten vor unserm Wünschen konsultieren, um zu ermitteln, was wir wirklich schätzen"* (Jonas, 2020, S. 64).

und der Mensch degradiert ist. Wir sollen uns die Bedrohung des Menschenbildes bewusst vergegenwärtigen, da es leichter sei, das Malum zu erkennen als das Bonum. Die Furcht soll dabei nicht primär uns selbst gelten, sondern den Nachkommen, jenen, die in dieser Welt werden leben müssen, sollte es sie in absehbarer Zeit überhaupt noch geben:[26]

> *„Auch Ehrfurcht und Schaudern sind wieder zu lernen, daß sie uns vor Irrwegen unserer Macht schützen (zum Beispiel vor Experimenten mit der menschlichen Konstitution). Das Paradox unserer Lage besteht darin, daß wir die verlorene Ehrfurcht vom Schaudern, das Positive vom vorgestellten Negativen zurückgewinnen müssen: die Ehrfurcht für das, was der Mensch war und ist, aus dem Zurückschaudern vor dem, was er werden könnte und uns als diese Möglichkeit aus der vorgedachten Zukunft anstarrt.“*

7 Kritisches Fazit

Man kann gegenüber Hartmanns Ausführungen zur Nächsten- und Fernstenliebe kritisch einwenden, dass die von ihm betonte Kluft zwischen diesen altruistischen Haltungen realiter eher einen fließenden Übergang bildet. Ich schließe mich hier der Auffassung von Seong-Ui Kang an, der zwischen Nächsten- und Fernstenliebe eine Brücke schlägt:[27]

> *„Der "Fernste" ist im räumlichen Sinne jedoch bereits im "Nächsten" mit einbegriffen, weil der "Nächste" die Grenze des Raums überschritten hat. Das heißt, die Menschen, die räumlich weit entfernt sind können auch unser Nächster sein. Nur zeitlich bilden die beiden Formen der Liebe einen Gegensatz.“*

Hans Jonas war von beeindruckender Weitsicht, was die Gefahren der Technologie für die Kontinuität der Idee des Menschen betrifft. Um mit Hilfe des Prinzips Verantwortung diese Gefahren abzuwenden, skizziert er als Exemplum u.a. das Bild des Neugeborenen, dessen hilfloses Sein in jedem „normalen“ Menschen den Wunsch erwecke, den Säugling zu versorgen und so am Leben zu erhalten, womit er an eine intuitiv-archaisch verankerte Moral appelliert. Wie intensiv Hans Jonas seine Hypothesen mit affektiven Momenten „unterfüttert“, macht auch folgendes Zitat deutlich:[28]

> *„Wir fühlen [...] im Falle des Menschen [...], daß er und was er aus sich gemacht hat, nicht verschwinden darf. Dies Gefühl muß um seine Richtigkeit wissen, schon um nicht zu leicht den Anfechtungen vermeintlicher Unabwendbarkeit des Schicksals zu erliegen. Unabwendbarkeit des Schicksals zu erliegen.“*

---

[26] Ebd., S. 392-393.
[27] Kang, 1974, S. 115.
[28] Zit. nach Müller, 2003, S. 252.

Die Tragfähigkeit einer solchen gefühlhaften Fundierung kann jedoch zumindest in Zweifel gezogen werden. Es gibt im Fall des Neugeborenen genügend Beispiele, dass der von Hans Jonas zitierte instinktive Schutzmechanismus nicht immer funktioniert. So waren vor der Christianisierung der Neonatizid bzw. das Aussetzen von Kindern in vielen Kulturen legal und gesellschaftlich akzeptiert; vor allem missgebildete, schwächliche, außereheliche oder aus anderen Gründen unerwünschte Kinder wurden „entsorgt". In Island machte man sogar die Annahme des Christentums im Jahr 1000 von der Bedingung abhängig, dass es weiterhin erlaubt sein sollte, Neugeborene auszusetzen. In Rom war es noch bis in das späte nachchristliche 4. Jahrhundert völlig legal, sich eines Kindes auf einem öffentlichen Dunghaufen zu entledigen.

Es ist daher diskussionswürdig, den Appell an die Übernahme von Verantwortung für die Permanenz der Idee des Menschen in den unsicheren Gefilden der Gefühle zu fundieren.

Auch Dietrich Böhler und Horst Gronke bemerken in Bezug auf einen von Hans Jonas postulierten intuitiven Schutzmechanismus kritisch:[29]

> *„Aber wie wichtig auch ein solches moralisches Wertempfinden und unmittelbares Verpflichtungsgefühl für unseren Umgang mit anderen und für unsere eigene Identität ist, ein Geltungsgrund für die Pflicht, Fürsorge und Vorsorge zu leisten, kann dieses Beispiel eines archetypischen Moralmotivs nicht aufweisen."*

Hans Jonas führt zur Begründung seines Leitaxioms, dass der Mensch sein soll, das Vorhandensein von Zwecken, Zielen und Werten in der Welt an. Seine Ausführungen zu den Zwecken, die auf die Antwort „wozu" antworten, sind nachvollziehbar, anschaulich und durch Beispiele untermauert: Der Hammer dient seinem Nutzer als Werkzeug, das Verdauungssystem des Menschen dient der Erhaltung des Organismus, der Gerichtshof dient einem funktionierenden Gemeinwesen, wird seiner Aufgabe aber nur gerecht, wenn alle Beteiligten von diesem übergeordneten Zweck überzeugt sind.

Neben Zwecken lassen sich, auch hier ist Jonas zuzustimmen, in der Welt auch Ziele feststellen. So verfolgen Menschen fast universell das Ziel, glücklich zu sein. Dieses Ziel scheint in der Natur des Menschen zu liegen, und zwar unabhängig von kulturellen Prägungen und individuellen Lernerfahrungen.

---

[29] Böhler & Gronke, 2003, S. 312.

Soweit sind die Ausführungen von Hans Jonas überzeugend; sie lassen sich auch anhand medizinisch-physiologischer Befunde bzw. wissenschaftlich-historischer Recherchen belegen.

Die Konsequenz jedoch, die der Autor zieht, indem er das Vorhandenseins von Zwecken und Zielen mit der Existenz von Werten gleichsetzt, ist problematisch: *„Indem die Natur Zwecke unterhält, oder Ziele hat, wie wir jetzt annehmen wollen, setzt sie auch Werte;"*[30] Und er geht noch einen Schritt weiter, indem er den Zweckcharakter allen Seins, der mit dem Drängen nach Existenz einhergeht, als ein Gut bzw. als das Gute beurteilt. In der gewollten Existenz, dem Sein-Sollen des Menschen sieht Hans Jonas einen objektiven Wert, das unbedingte Gute.[31]

Diese Argumentationskette aber basiert auf subjektiven Wertungen. Der Schritt von Zwecken und Zielen zu Werten und dem Guten geht einher mit dem Sprung aus realitätsnah verankerten Konklusionen in das Reich weltanschaulich und letztlich religiös fundierter Überzeugungen. Man kann Jonas hier folgen, muss es aber nicht.

Das Sein-Wollen, der Drang zu existieren, aus dem Hans Jonas ein Sein-Sollen ableitet, lässt sich durchaus Arthur Schopenhauers Verständnis von dem Willen als Grundprinzip der Welt zur Seite stellen. Auch der Wille drückt sich in dem steten Drang nach Existenz und Weiterexistenz aus:[32]

> *„Jeder Blick auf die Welt, welche zu erklären die Aufgabe des Philosophen ist, bestätigt und bezeugt, daß Wille zum Leben, weit entfernt eine beliebige Hypostase, oder gar ein leeres Wort zu seyn, der allein wahre Ausdruck ihres innersten Wesens ist. Alles drängt und treibt zum Daseyn, [...]."*

Aber die Konsequenz des großen Frankfurter Philosophen ist eine völlig andere. Gerade weil der Wille als beherrschende Kraft wirkt, sorgt er für beständiges Leiden, denn er kann nie endgültig befriedigt werden, sondern bringt immer neue Manifestationen hervor und geht notwendigerweise mit der Verdrängung und Auslöschung anderer Wesenheiten einher. Der Mensch tötet Tiere um seiner Ernährung willen, Tiere jagen einander, um zu überleben, Bäume und Pflanzen verdrängen einander im Kampf um Lebensraum usw.

---

[30] Jonas, 2020, S. 148.
[31] Ebd., vgl. vor allem S. 153-171.
[32] Schopenhauer, 2009, S. 751.

Aufgrund dieser Tatsachen[33] gelangt Arthur Schopenhauer innerhalb seines philosophischen Systems zu der logischen Schlussfolgerung, dass jeder, der zu der Erkenntnis gelangt, dass die Welt Vorstellung und Wille ist, zunächst zu einer Mitleidsethik und in einem zweiten Schritt zu einer asketischen Grundhaltung gelangen muss, die darauf abzielt, den Willen in sich zu verneinen, wozu auch gehört, nicht zur Weiterexistenz des Menschengeschlechts beizutragen, da die Permanenz menschlichen Lebens und der Fortbestand der Welt wenig wünschenswert erscheinen:[34]

> *„Freiwillige, vollkommene Keuschheit ist der erste Schritt in der Askese oder der Verneinung des Willens zum Leben. Sie verneint dadurch die über das individuelle Leben hinausgehende Bejahung des Willens und giebt damit die Anzeige, daß mit dem Leben dieses Leibes auch der Wille, dessen Erscheinung er ist, sich aufhebt. Die Natur, immer wahr und naiv, sagt aus, daß, wenn diese Maxime allgemein würde, das Menschengeschlecht ausstürbe: [...]. Mit gänzlicher Aufhebung der Erkenntniß schwände dann auch von selbst die übrige Welt in Nichts; da ohne Subjekt kein Objekt."*

8 Schluss

Auch wenn man die These Schopenhauers, dass die unverhüllte Erkenntnis dessen, was „die Welt im Innersten zusammenhält" in Askese und Sehnsucht nach Verlöschen mündet, nicht teilt, so spricht doch vieles für seinen Pessimismus hinsichtlich der menschlichen Natur.

Wenn man bedenkt, dass die Vereinbarungen der UN-Klimakonferenz aus dem Jahr 2015 weitgehend Lippenbekenntnisse geblieben sind, dass der brasilianische Präsident Jair Bolsonaro mit einer Skrupellosigkeit sondergleichen den Amazonas-Regenwald abholzen lässt und dass die Diskussionen um das Datum des Kohleausstiegs in Deutschland nicht abreißen, kann man sich Arthur Schopenhauers Statement über die menschliche Natur (aus seinem Nachlass) nicht verschließen: *„Wer wagt mir zu widersprechen, wenn ich sage, die Menschen sind wesentlich böse, wesentlich unglücklich, wesentlich töricht?"*

---

[33] *„Wir finden auch jene innere, von der adäquaten Objektivität des Willens unzertrennliche Nothwendigkeit der Stufenfolge seiner Erscheinungen, in dem Ganzen dieser selbst, durch eine äußere Nothwendigkeit ausgedrückt, durch diejenige nämlich, vermöge welcher der Mensch zu seiner Erhaltung der Thiere bedarf, diese stufenweise eines des andern, dann auch der Pflanzen, welche wieder des Bodens bedürfen, des Wassers, der chemischen Elemente und ihrer Mischungen, des Planeten, der Sonne, der Rotation und des Umlaufs um diese, der Schiefe der Ekliptik u.s.f. – Im Grunde entspringt dies daraus, daß der Wille an sich selber zehren muß, weil außer ihm nichts da ist und er ein hungriger Wille ist. Daher die Jagd, die Angst und das Leiden"* (Ebd., S. 150).
[34] Ebd., S. 337.

Es ist durchaus nicht unwahrscheinlich, dass letztlich jenes von Arthur Schopenhauer als Wille definierte Urprinzip der Welt, zu dessen Manifestationen Gier nach Reichtum, Status und Macht gehören und das mit Egoismus und Leben im Hier und Jetzt einhergeht, den Sieg davontragen wird und die „gebrechliche Einrichtung der Welt" in Feuer und Wasser untergehen lässt, wie es schon vor langer Zeit die „Völuspa",[35] das um das Jahr 1000 in Island entstandene berühmte Gedicht vom Weltuntergang, vorhersieht.

Aber die Seherin, der diese Weissagung zugeschrieben wird, lässt am Ende doch die Hoffnung auf das Entstehen einer Neuen Welt: *Ich sehe aufsteigen / zum anderen Mal /aus den Fluten Land /von frischem Grün.* [36]

---

[35] Vgl. Nikolai, 2008.
[36] „Sér hon upp koma / öðru sinni / jörð ór ægi /iðjagræna"; (Völuspá, 59).

Literatur

Baumgartner, Hans Michael: Unbedingtheit und Selbstbestimmung. Zum Verhältnis von Autonomie der Person und Autonomie der Werte in Nicolai Hartmanns Ethik. In: **Symposium zum Gedenken an Nicolai Hartmann (1882-1950)**. Direktor des Philosophischen Seminars der Universität Göttingen 1946-1950. Mit Beiträgen von Günther Patzig u.a. Göttingen 1982, S. 40-54.

Böhler, Dietrich & **Gronke**, Horst: In dubio pro responsabilitate. Die Orientierungskraft des Verantwortungsprinzips im ökologischen und bioethischen Diskurs. In: Christian **Wiese** & Eric **Jacobson** (Hrsg.): Weiterwohnlichkeit der Welt. Zur Aktualität von Hans Jonas. Berlin & Wien 2003, S. 301-320.

Bollnow, Otto Friedrich: Die Behandlung der Tugenden bei Nicolai Hartmann. In: Heinz **Heimsoeth** & Robert **Heiß** (Hrsg.): Sonderdruck aus Nicolai Hartmann. Der Denker und sein Werk. Fünfzehn Abhandlungen mit einer Bibliographie. Göttingen 1952.

Hartmann, Nicolai: Ethik. 4., unveränd. Aufl. Berlin 1962.

Jonas, Hans: Das Prinzip Verantwortung. 8. Aufl. Frankfurt/Main 2020.

Jonas, Hans: Laßt uns einen Menschen klonieren: Von der Eugenik zur Gentechnologie. In: Ders.: Technik, Medizin und Ethik. Frankfurt/Main 1987, S. 162-203.

Kang, Seong-Ui: Nächstenliebe und Fernstenliebe. Eine kritische Auseinandersetzung mit Nicolai Hartmann. Europäische Hochschulschriften (Reihe XX, Bd. 6). Bern & Frankfurt/Main 1974.

Müller, Wolfgang Erich: Organismus und Verantwortung. Hans Jonas' Begründung der Ethik in der Philosophie des Lebens. In: Christian **Wiese** & Eric **Jacobson** (Hrsg.): Weiterwohnlichkeit der Welt. Zur Aktualität von Hans Jonas. Berlin & Wien 2003, S. 242-255.

Nietzsche, Friedrich: Also sprach Zarathustra. Ein Buch für Alle und Keinen. 10. Aufl. Hamburg 2021.

Nikolai, Helmut G.: **Völuspá**. In altisländischer und deutscher Sprache. Altisländisch nach dem Codex Regius. 4. Auflage umgearbeitet von Hans Kuhn. Ins Deutsche übertragen und kommentiert. Frankfurt am Main 2008.

Schopenhauer, Arthur: Die Welt als Wille und Vorstellung. 3., verbesserte u. beträchtlich vermehrte Aufl. Köln 2009.

Helmut G. Nikolai: *Völuspá. In altisländischer und deutscher Sprache. = Offenbarung der Seherin.* Altisländisch nach dem Codex Regius. 4. Auflage umgearbeitet von Hans Kuhn. Ins Deutsche übertragen und kommentiert. Uthr-Verlag, Frankfurt am Main 2008,

Wiese, Christian: „Weltabenteuer Gottes" und „Heiligkeit des Lebens". Theologische Spekulation und ethische Reflexion in der Philosophie von Hans Jonas. In: Christian **Wiese** & Eric **Jacobson** (Hrsg.): Weiterwohnlichkeit der Welt. Zur Aktualität von Hans Jonas. Berlin & Wien 2003, S. 203-221.